2013 개편 국어교과서

개편된 국어교과서에 따른
글씨 바로 쓰기

2-2

편집부편

와이 앤 엠

차 례

- 개미와 베짱이 4
- 야들야들 다 익었을까? 23
- 숨바꼭질하며 41
- 푸른숲식물원 46
- 고래가 물을 뿜어요 54
- 백두산 장생초 68
- 귀뚜라미 92
- 박박 바가지 96

2013 개편 국어교과서

글씨 바로 쓰기

2-2

 글을 읽고 다음에 예쁘게 따라 써보세요.

국어 4 가-76쪽

개미와 베짱이

어느 날, 숲 속에 개미와 베짱이가 살고 있었습니다. 개미는 겨울 동안의 먹을거리를 모으기 위하여 땀을 뻘뻘 흘리며 일을 하였습니다. 그런데 베짱이는 잎사귀에 누워 노래를 부르며 놀기만 하였습니다.

개미가 걱정스러운 목소리로 베짱이에게 말하였습니다.

"베짱이야, 그렇게 놀기만 하다가는 겨울에 먹을거리가 없어 굶어 죽을지도 몰라. 어서 같이 일하자."

그러나 베짱이는 코웃음을 치면서 이렇게 말하였습니다.

"흥, 남의 일에 상관하지 마. 네 일이나 잘 해. 그렇게 일만 하면서 무슨 재미로 사니?"

춥고 바람이 쌩쌩 부는 겨울이 되었습니다. 베짱이는 먹을거리 하나 없이 추위에 벌벌 떨며 숲 속을 헤매고 있었습니다.

"아이, 추워. 아이고, 배고파. 지난여름에 개미가 해 준 말을 듣고 먹을거리를 모아 두었다면 얼마나 좋았을까?"

베짱이는 너무 배가 고파 개미네 집을 찾아 갔습니다.

개미네 가족은 따뜻한 집에서 맛있는 음식을 먹고 있었습니다.

베짱이는 불쌍한 표정을 지으며 개미에게 말하였습니다.

"개미야, 개미야. 미안하지만 나에게도 먹을거리를 좀 나누어 줄 수 있겠니?"

그러자 개미가 베짱이에게 말하였습니다.

"어서 와, 베짱이야. 내가 모아 둔 먹을거리가 많으니까 함께 사이좋게 나누어 먹자."

개미의 따뜻한 말에 베짱이는 자기도 모르게 눈물이 났습니다.

🐟 **보라색**으로 쓴 글씨는 받아쓰기에서 틀리기 쉬운 글씨이므로 주의하여 따라 쓰세요.

개미와 베짱이
개미와 베짱이

어느 여름날, 숲
어느 여름날, 숲

속에 개미와 베짱이
속에 개미와 베짱이

가 살고 있었습니다.
가 살고 있었습니다.

개미는 겨울 동안의

개미는 겨울 동안의

먹을거리를 모으기
먹을거리를 모으기

위하여 땀을 뻘뻘
위하여 땀을 뻘뻘

흘리며 일을 하였습
흘리며 일을 하였습

니다. 그런데 베짱이
니다. 그런데 베짱이

눈 잎사귀에 누워

노래를 부르며 놀기

만 하였습니다.

개미가 걱정스러운

목소리로 베짱이에게

말하였습니다.

"베짱이야, 그렇게

놀기만 하다가는

겨울에 먹을거리가

없어 굶어 죽을지

없어 굶어 죽을지

도 몰라. 어서 같
도 몰라. 어서 같

이 일하자,"
이 일하자,"

그러나 베짱이는
그러나 베짱이는

코웃음을 치면서 이
코웃음을 치면서 이

렇게 말하였습니다.

"흥, 남의 일에

상관하지 마. 네

일이나 잘해. 그렇

게 일만 하면서

"무슨 재미로 사니?"
"무슨 재미로 사니?"

춥고 바람이 쌩쌩
춥고 바람이 쌩쌩
부는 겨울이 되었습
부는 겨울이 되었습
니다. 베짱이는 먹을
니다. 베짱이는 먹을
거리 하나 없이 추

거리 하나 없이 추

위에 별벌 떨며 숲
위에 별벌 떨며 숲

속을 헤매고 있었습
속을 헤매고 있었습

니다.
니다.

"아이, 추위, 배고
"아이, 추위, 배고

파. 지난여름에 개

미가 해 준 말을

듣고 먹을거리를

모아 두었다면 얼

마나 좋았을까?"

베짱이는 너무 배
베짱이는 너무 배
가 고파서 개미네
가 고파서 개미네
집을 찾아갔습니다.
집을 찾아갔습니다.
개미네 가족은 따
개미네 가족은 따
뜻한 집에서 맛있는

뜻한 집에서 맛있는
음식을 먹고 있었습
음식을 먹고 있었습
니다.
니다.

베짱이는 불쌍한
베짱이는 불쌍한
표정을 지으며 개미
표정을 지으며 개미

에게 말하였습니다.

"개미야, 개미야.

미안하지만 나에게

도 먹을거리를 좀

나누어 줄 수 있

겠니?"

그러자 개미가 베짱이에게 말하였습니다.

"어서 와, 베짱이

"어서 와, 베짱이
야. 내가 모아 둔
야. 내가 모아 둔
먹을거리가 많으니
먹을거리가 많으니
까 함께 사이좋게
까 함께 사이좋게
나누어 먹자."
나누어 먹자."

개미의 따뜻한 말에 베짱이는 자기도 모르게 눈물이 났습니다.

글을 읽고 다음에 예쁘게 따라 써보세요.

국어 4가-86쪽

야들야들 다 익었을까?

옛날에 욕심 많은 양반이 있었습니다. 어느 날, 양반은 자기 집 머슴인 돌쇠를 데리고 꿩 사냥을 나갔습니다. 양반과 돌쇠는 이 산에서 저 산으로 꿩을 쫓아다니느라고 고생하였습니다. 그러다 어렵게 꿩 한마리를

잡았습니다.

"여기에서 꿩을 구어 먹고 가자꾸나."

배고픈 돌쇠는 신이 나서 불을 피웠습니다. 고기 익는 냄새가 풍겨 오자, 양반은 꿩고기를 혼자 먹고 싶었습니다.

"돌쇠야, '까'로 끝나는 세 줄로 된 시를 먼저 짓는 사람이 고기를 다 먹도록 하자."

양반이 꾀를 내어 말하였습니다. 그러자 돌쇠가 노릇노릇 구어진 꿩고기를 보며 말하였습니다.

"야들야들 다 익었을까? 쫄깃쫄깃 맛이 있을까? 냠냠 한 번 먹어 볼까?"

그러고는 고기를 입으로 가져갔습니다.

"이 녀석아, 시도 안 짓고 왜 고기를 먹느냐?"

"저는 이미 '까'로 끝나는 시를 지어 말씀드리지 않았습니까?"

"그래..... 그렇긴 하다만..... 그것이.....,"

양반은 할 말이 없어 입맛만 다셨습니다. 그러자 돌쇠는 고기를 건네며 양반에게 말하였습니다.

"고기를 안 드시면 기운이 없지 않겠습니까? 기운이 없으면 넘어지지 않겠습니까? 넘어지시면 제가 업고 가야 하지 않겠습니까?"

양반은 얼굴을 붉히며 껄껄껄 웃었습니다.

"하하하, 그래, 네 말이 맞구나."

보라색으로 쓴 글씨는 받아쓰기에서 틀리기 쉬운 글씨이므로 주의하여 따라 쓰세요.

야들야들 다
야들야들 다

익었을까?
익었을까?

옛날에 욕심 많은
옛날에 욕심 많은

양반이 있었습니다.
양반이 있었습니다.

어느 날, 양반은 자

어느 날, 양반은 자기 집 머슴인 돌쇠를 데리고 꿩 사냥을 나갔습니다. 양반과 돌쇠는 이 산에

서 저 산으로 꿩을
쫓아다니느라 고생하
였습니다. 그러다 어
렵게 꿩 한 마리를
잡았습니다.

"여기에서 꿩을
"여기에서 꿩을

구워 먹고 가자꾸
구워 먹고 가자꾸

나."
나."

"네, 곧 불을 피
"네, 곧 불을 피

우겠습니다.

우겠습니다.

배고픈 돌쇠는 신
배고픈 돌쇠는 신

이 나서 불을 피웠
이 나서 불을 피웠

습니다. 고기 익는
습니다. 고기 익는

냄새가 풍겨 오자,
냄새가 풍겨 오자,

양반은 꿩고기를 혼

자 먹고 싶었습니다.

"돌쇠야, '까'로

끝나는 세 줄로

된 시를 먼저 짓

는 사람이 고기를
　는 사람이 고기를

　다 먹도록 하자."
　다 먹도록 하자."

　양반이 꾀를 내어
　양반이 꾀를 내어

말하였습니다. 그러자
말하였습니다. 그러자

돌쇠가 노릇노릇 구

돌쇠가 노릇노릇 구

워진 꿩고기를 보며
워진 꿩고기를 보며

말하였습니다.
말하였습니다.

"야들야들 다 익
"야들야들 다 익

었을까? 쫄깃쫄깃
었을까? 쫄깃쫄깃

맛이 있을까? 냠
맛이 있을까? 냠

냠 한번 먹어 볼
냠 한번 먹어 볼

까?"
까?"

그러고는 고기를
그러고는 고기를

입으로 가져갔습니다.
입으로 가져갔습니다.

"이 녀석아, 시도
안 짓고 왜 고기
를 먹느냐?"
"저는 이미 '까'
로 끝나는 시를

로 끝나는 시를

지어 말씀드리지
지어 말씀드리지

않았습니까?"
않았습니까?"

"그래…… 그렇긴
"그래…… 그렇긴

하다만…. 그것이…."
하다만…. 그것이…."

양반은 할 말이 없어 입맛만 다셨습니다. 그러자 돌쇠는 고기를 건네며 양반에게 말하였습니다.

"고기를 안 드시면 기운이 없지 않겠습니까? 기운이 없으면 넘어지시지 않겠습니까?

시지 않겠습니까?"

넘어지시면 제가
넘어지시면 제가

업고 가야 하지
업고 가야 하지

않겠습니까?"
않겠습니까?"

양반은 얼굴을 붉
양반은 얼굴을 붉

히며 껄껄껄 웃었습
니다.

"하하하, 그래, 네
말이 맞구나."

글을 읽고 다음에 예쁘게 따라 써보세요.

국어 4 가-96쪽

숨바꼭질하며

꼭꼭 숨어라 머리카락 보일라 옷자락이 보일라
꼭꼭 숨어라 발뒤꿈치 보일라 치맛자락 보일라
꼭꼭 숨어라 장독 뒤에 숨어라 대문 뒤에 숨어라
앉아서도 보이고 서서도 보인다 꼭꼭 숨어라

찾아보자 찾아보자 어디 숨었나 어디 숨었나

요. 숨었네 찾았다

보라색으로 쓴 글씨는 받아쓰기에서 틀리기 쉬운 글씨이므로 주의하여 따라 쓰세요.

숨바꼭질하며
숨바꼭질하며

꼭꼭 숨어라 머리
꼭꼭 숨어라 머리

카락 보일라 옷자락
카락 보일라 옷자락

이 보일라
이 보일라

꼭꼭 숨어라 발뒤

꼭꼭 숨어라 발뒤

꿈치 보일라 치맛자
꿈치 보일라 치맛자

락 보일라
락 보일라

꼭꼭 숨어라 장독
꼭꼭 숨어라 장독

뒤에 숨어라 대문
뒤에 숨어라 대문

뒤에 숨어라
뒤에 숨어라

앉아서도 보이고
앉아서도 보이고

서서도 보인다 꼭꼭
서서도 보인다 꼭꼭

숨어라
숨어라

찾아보자 찾아보자
찾아보자 찾아보자

어디　숨었나　어디
어디　숨었나　어디

숨었나
숨었나

　요, 숨었네　찾았다
　요, 숨었네　찾았다

🐟 글을 읽고 다음에 예쁘게 따라 써보세요.

국어 4 가-109쪽

푸른숲식물원

우리 푸른숲식물원에는 울창한 나무 사이로 오솔길이 나 있습니다. 이곳에 오면 전나무, 잣나무, 소나무 향을 맡으며 흙을 밟고 걸으실 수 있습니다.

오솔길이 끝나는 곳에 꽃 정원이 있습니다. 이곳에는 예로부터 우리나라의 산과 들에서 자라 온 여러 가지 꽃이 피어 있습니다. 범부채꽃, 구절초꽃, 패랭이꽃 등 주변에서 흔히 볼 수 없는 들꽃이 있습니다.

채소밭에는 채소들이 햇빛을 받으며 푸릇푸릇하게 자라고 있습니다. 오이, 상추, 고추, 호박 등의 채소가 자라는 모습과 열매 맺는 모습을 보실 수 있습니다.

푸른숲식물원에서 아름다운 자연을 느끼시기 바랍니다.

🐟 보라색으로 쓴 글씨는 받아쓰기에서 틀리기 쉬운 글씨이므로 주의하여 따라 쓰세요.

푸른숲식물원
푸른숲식물원

우리 푸른숲식물원
우리 푸른숲식물원

에는 울창한 나무
에는 울창한 나무

사이로 오솔길이 나
사이로 오솔길이 나

있습니다. 이곳에 오

있습니다. 이곳에 오
면 전나무, 잣나무,
소나무 향을 맡으며
흙을 밟고 걸으실
수 있습니다.

오솔길이 끝나는 곳에 꽃 정원이 있습니다. 이곳에는 예로부터 우리나라의 산과 들에서 자라

온 여러 가지 꽃이
온 여러 가지 꽃이

피어 있습니다. 범부
피어 있습니다. 범부

채꽃, 구절초꽃, 패랭
채꽃, 구절초꽃, 패랭

이꽃 등 주변에서
이꽃 등 주변에서

흔히 볼 수 없는

흔히 볼 수 없는

들꽃이 있습니다.
들꽃이 있습니다.

채소밭에는 채소들
채소밭에는 채소들

이 햇빛을 받으며
이 햇빛을 받으며

푸릇푸릇하게 자라고
푸릇푸릇하게 자라고

있습니다. 오이, 상추,

고추, 호박 등의 채

소가 자라는 모습과

열매 맺는 모습을

보실 수 있습니다.

푸른숲수목원에서
푸른숲수목원에서

아름다운 자연을 느
아름다운 자연을 느

끼시기 바랍니다.
끼시기 바랍니다.

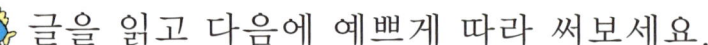 글을 읽고 다음에 예쁘게 따라 써보세요.

국어 4가-118쪽

고래가 물을 뿜어요

옛날에 사람들이 고래를 발견하면 "저기, 고래가 물을 뿜는다!" 하고 소리쳤어. 하지만 사람들은 고래가 왜 물을 뿜는지 알지 못하였단다.

그렇다면 고래는 왜 물을 뿜을까? 고래의 숨구멍은 머리 꼭대기에 있어. 그래서 고래는 물속에서 숨을 쉴 수 없기 때문에 숨을 쉬려면 물 위로 올라와야 해. 오랫동안 잠수한 고래가 참고 있던 숨을 한꺼번에 숨구멍으로 뿜어낼 때, 고래의 따뜻한 숨과 차가운 공기가 서로 닿아 뭉치면서 흰 물보라처럼 보여. 마치 고래가 물을 뿜는 것처럼 보이지.

고래는 종류마다 독특하게 물을 뿜어. 그래서 물을 뿜는 모양만 보아도 어떤 고래인지 알 수 있지. 물을 가장 높이 내뿜는 고래는 대왕고래야. 그래서 멀리서도 대왕고래의 물보라는 쉽게 알아볼 수 있어. 향고래는 비스듬히 물을 뿜는단다. 숨구멍이 왼쪽으로 치우쳐 있기 때문이야. 그리고 참고래는 다른 고래들과 달리 물줄기가 두 줄기로 뻗어 올라간단다. 그래서 마치 분수처럼 보여.

정말 고래는 종류에 따라 특이하게 물을 뿜지? 고래가 이렇게 내뿜는 물보라는 말갛게 보이지만 사실은 진득진득하다고 해.

보라색으로 쓴 글씨는 받아쓰기에서 틀리기 쉬운 글씨이므로 주의하여 따라 쓰세요.

고래가 물을 뿜어요
고래가 물을 뿜어요

옛날에 사람들이
옛날에 사람들이

고래를 발견하면 "저
고래를 발견하면 "저

기, 고래가 물을 뿜
기, 고래가 물을 뿜

는다!" 하고 소리

눈다!" 하고 소리

쳤어. 하지만 사람들

은 고래가 왜 물을

뿜는지 알지 못하였

단다.

그렇다면 고래는

왜 물을 뿜을까?

고래의 숨구멍은 머리 꼭대기에 있어.

그래서 고래는 물속

에서 숨을 쉴 수
에서 숨을 쉴 수

없기 때문에 숨을
없기 때문에 숨을

쉬려면 물 위로 올
쉬려면 물 위로 올

라와야 해. 오랫동안
라와야 해. 오랫동안

잠수한 고래가 참고

잠수한 고래가 참고
있던 숨을 한꺼번에
숨구멍으로 뿜어낼
때, 고래의 따뜻한
숨과 차가운 공기가

서로 닿아 뭉치면서

흰 물보라처럼 보여,

마치 고래가 물을

뿜는 것처럼 보이지,

고래는 종류마다

독특하게 물을 뿜어.

그래서 물을 뿜는

모양만 보아도 어떤

고래인지 알 수 있

지. 물을 가장 높이

지. 물을 가장 높이

내뿜는 고래는 대왕
내뿜는 고래는 대왕

고래야. 그래서 멀리
고래야. 그래서 멀리

서도 대왕고래의 물
서도 대왕고래의 물

보라는 쉽게 알아볼
보라는 쉽게 알아볼

수 있어. 향고래는
수 있어. 향고래는

비스듬히 물을 뿜는
비스듬히 물을 뿜는

단다. 숨구멍이 왼쪽
단다. 숨구멍이 왼쪽

으로 치우쳐 있기
으로 치우쳐 있기

때문이야. 그리고 참
때문이야. 그리고 참

고래는 다른 고래들
과 달리 물줄기가
두 줄기로 뻗어 올
라간단다. 그래서 마
치 분수처럼 보여.

치 분수처럼 보여.

　정말 고래는 종류
　정말 고래는 종류

에 따라 특이하게
에 따라 특이하게

물을 뿜지? 고래가
물을 뿜지? 고래가

이렇게 내뿜는 물보
이렇게 내뿜는 물보

라는 말갛게 보이지
라는 말갛게 보이지

만 사실은 진득진득
만 사실은 진득진득

하다고 해.
하다고 해.

글을 읽고 다음에 예쁘게 따라 써보세요.

국어 4가-136쪽

백두산 장생초

 아주 오랜 옛날, 백두산 아래 외딴 마을에 어머니와 아들이 살았습니다. 아들은 산에서 나무를 해다 팔거나, 품삯을 받고 남의 일을 해 주며 살아갔습니다.
 어머니께서는 병으로 누워 지내시는 날이 많았습니다. 아들은 가난하였지만 지극한 정성으로 어머니를 모셨습니다.

어머니의 병이 점점 심해지자, 아들은 어머니의 병을 낫게 할 좋은 약을 구하기 위하여 마을에서 가장 지혜로운 노인을 찾아갔습니다.

　"백두산에 가면 '장생초'라는 약초가 있다고 들었네. 하지만 그 높고 험한 산을 어찌 간단 말인가!"

그말을 들은 아들은 어머니의 병이 나을지도 모른다는 생각에 곧장 약초를 찾으러 떠났습니다.

　백두산은 노인의 말대로 아주 높고 험한 산이었습니다. 어디에 장생초가 있는지 도저히 찾을 수 없었습니다. 아들은 지치고 힘이 빠져 바위 위에 주저앉았습니다.

　'아, 장생초를 구할 수 없단 말인가!'

그때 어디서 나타났는지 호호백발 할머니께서 다가와 물으셨습니다.

"젊은이, 여기는 무엇하러 왔나?"

"어머니께서 많이 편찮으신데, 장생초를 드시면 낫는다고 해서 찾고 있습니다.

혹시 장생초가 있는 곳을 아세요?"

"내가 여기 살지만 지금까지 장생초라는 것은 못 보았네. 힘들게 왔는데 안타깝구먼. 그런데 부탁이 하나 있네. 이 씨앗을 산꼭대기까지 가져가서 뿌려 주게. 내가 늙고 힘이 없어 도저히 산꼭대기에 오를 수가 없

어 그런다네."

아들은 지치고 힘들었지만, 할머니가 꼭 자기 어머니 같아서 부탁을 거절할 수 없었습니다. 미끄러지고 다치면서 겨우 산꼭대기까지 올라가 곳곳에 씨앗을 뿌렸습니다. 그러자 눈 깜짝할 사이, 산과 계곡에 어린 싹이 돋아나더니 가지를 뻗고 열매들이 가득 달렸습니다.

지칠 대로 지친 아들은 발을 옮길 힘조차 없었습니다. 그만 정신을 잃고 그 자리에 쓰러졌습니다.

🐟 **보라색**으로 쓴 글씨는 받아쓰기에서 틀리기 쉬운 글씨이므로 주의하여 따라 쓰세요.

백두산 장생초
백두산 장생초

아주 오랜 옛날,
아주 오랜 옛날,

백두산 아래 외딴
백두산 아래 외딴

마을에 어머니와 아
마을에 어머니와 아

들이 살았습니다. 아

들이 살았습니다. 아

들은 산에서 나무를
들은 산에서 나무를

해다 팔거나, 품삯을
해다 팔거나, 품삯을

받고 남의 일을 해
받고 남의 일을 해

주며 살아갔습니다.
주며 살아갔습니다.

어머니께서는 병으로 누워 지내시는 날이 많았습니다. 아들은 가난했지만 지극한 정성으로 어머니를 모셨습니다.

 어머니의 병이 점

점 심해지자, 아들은

어머니의 병을 낫게

할 좋은 약을 구하

할 좋은 약을 구하

기 위하여 마을에서
기 위하여 마을에서

가장 지혜로운 노인
가장 지혜로운 노인

을 찾아갔습니다.
을 찾아갔습니다.

"백두산에 가면
"백두산에 가면

'장생초'라는 약

초가 있다고 들었

네. 그것을 드시면

어머니의 병이 나

을지도……, 하지만

그 높고 험한 산을 어찌 간단 말인가!"

그 말을 들은 아들은 어머니의 병이

들은 어머니의 병이

나을지도 모른다는
나을지도 모른다는

생각에 곧장 약초를
생각에 곧장 약초를

찾으러 떠났습니다.
찾으러 떠났습니다.

백두산은 노인의
백두산은 노인의

말대로 아주 높고
말대로 아주 높고

험한 산이었습니다.
험한 산이었습니다.

어디에 장생초가 있
어디에 장생초가 있

는지 도저히 찾을
는지 도저히 찾을

수 없었습니다. 아들
수 없었습니다. 아들

은 지치고 힘이 빠
저 바위 위에 주저
앉았습니다.
'아, 장생초를 구
할 수 없단 말인

할 수 없단 말인
가!'
가!'

그 때 어디에서
그 때 어디에서

나타났는지 호호백발
나타났는지 호호백발

할머니께서 다가와
할머니께서 다가와

물으셨습니다.

　"젊은이, 여기는

　무엇하러 왔나?"

　"어머니께서 많이

　편찮으신데, 장생초

름 드시면 낫는다

고 해서 찾고 있

습니다. 혹시 장생

초가 있는 곳을

아세요?"

아세요?"

"내가 여기 살지
"내가 여기 살지

만 지금까지 장생
만 지금까지 장생

초라는 것은 못
초라는 것은 못

보았네. 힘들게 왔
보았네. 힘들게 왔

는데 안타깝구먼.
는데 안타깝구먼.

그런데 부탁이 하
그런데 부탁이 하

나 있네. 이 씨앗
나 있네. 이 씨앗

을 산꼭대기까지
을 산꼭대기까지

가져가서 뿌려 주
가져가서 뿌려 주

게. 내가 늙고 힘
게. 내가 늙고 힘

이 없어 도저히
이 없어 도저히

산꼭대기에 오를
산꼭대기에 오를

수가 없어 그런다
수가 없어 그런다

네."

"네."

 아들은 지치고 힘
들었지만, 할머니가
꼭 자기 어머니 같
아서 부탁을 거절할

수 없었습니다. 미끄

러지고 다치면서 겨

우 산꼭대기까지 올

라가 곳곳에 씨앗을

뿌렸습니다. 그러자

눈 깜짝할 사이, 산
과 계곡에 어린 싹
이 돋아나더니 가지
를 뻗고 열매들이
가득 달렸습니다.

가득 달렸습니다.

지칠 대로 지친
지칠 대로 지친

아들은 발을 옮길
아들은 발을 옮길

힘조차 없었습니다.
힘조차 없었습니다.

그만 정신을 잃고
그만 정신을 잃고

글을 읽고 다음에 예쁘게 따라 써보세요.

국어 4 나-214쪽

귀뚜라미

라미 라미
맨드라미

라미 라미
쓰르라미

맨드라미 지고
귀뚜라미 우네

가을이라고
가을이 왔다고 우네

라미 라미
동그라미

동그란
보름달

보라색으로 쓴 글씨는 받아쓰기에서 틀리기 쉬운 글씨이므로 주의하여 따라 쓰세요.

쓰르라미

맨드라미 지고
맨드라미 지고

귀뚜라미 우네
귀뚜라미 우네

가을이라고
가을이라고

가을이 왔다고
가을이 왔다고

우네
우네

라미 라미
라미 라미

동그라미
동그라미

동그란
동그란

보름달
보름달

🐟 글을 읽고 다음에 예쁘게 따라 써보세요.

국어 4 나-224쪽

박박 바가지

옛날, 어느 곳에 할아버지, 할머니가 살았는데 하루는 밤중에 도둑이 들었어. 도둑이 살금살금 집 안에 들어와서 이리저리 살피다가 마루 위에 기어올라 왔어.

그러니까 마룻장이 낡아서 삐거덕삐거덕 소리가 나거든. 방 안에서 잠을 자던 할머니가 그 소리를 듣고 잠을 깼어.

"여보, 영감. 밖에서 무슨 소리가 나는 걸 보니 도둑이 들었나 보우."

마루를 기어가던 도둑이 이 소리를 들으니 그만 가슴이 철렁 내려앉지. 그래서 들키지 않으려고 그 자리에 납작 엎드려 숨을 죽이고 가만히 있었어. 그런데 방 안에서 할아버지가 잠을 깨서 하는 말이

"도둑은 무슨 도둑. 마루 밑에서 쥐들이 설치는 모양이지."

하거든. 그래도 할머니는

"아무래도 쥐 소리는 아닌 것 같았는데……"

하고 자꾸 미심쩍어한단 말이야.

도둑은 할아버지 할머니가 어서 마음을 놓으라고 "찍찍, 찍찍." 하고 쥐 소리를 냈어.

그러니까 할아버지는

"그것 봐요. 저게 쥐 소리가 아니고 뭐야?"

하는데, 할머니는 또 미심쩍어서

"이상하다. 쥐 소리 치고는 너무 큰걸."

하지.

"그러면 고양이 소리인 게지."

그래도 할머니는

"고양이 소리도 아닌데. 그러지 말고 어서 나가 보우."

하고 자꾸 채근을 해.

도둑이 들어 보니 이러다가는 꼼짝없이 들키겠거든. 그래서 얼른 "야옹, 야옹." 하고 고양이 소리를 냈어.

"그러면 그렇지. 틀림없는 고양이 소리 아니오?"

할아버지는 잘도 속아 주는데 할머니는 이번에도 속지 않네.

"고양이 소리 치고는 너무 굵어요."

"고양이보다 소리가 굵으면 개 짖는 소리겠지."

도둑은 어서 빨리 할아버지, 할머니가 마음 놓고 자라고 이번에는 "멍멍, 멍멍." 하고 개 짖는 소리를 냈어.
"그것 보라지. 개 짖는 소리가 틀림없구먼."
아무려면 내가 개 짖는 소리를 못 알아들을까."
그러면 송아지 소리인 게지."
도둑은 얼른 "음매, 음매." 하고 송아지 소리를 냈어.
저것 보라니까. 송아지 소리 아니오?"
아니에요. 송아지 소리하고도 달라요."
"그래요? 그러면 코끼리 소리인가?"
할아버지는 잠도 쏟아지고 귀찮아서 아무렇게나 둘러댄 것인데 정작 도둑은 등에 식은 땀이 줄줄 흘러. 이번에는 코끼리 소리를 내야 할 판국인데 도대체 코끼리 소리를 한 번이라도 들어 봤어야 말이지.

'에그, 내 팔자야. 그놈의 코끼리 때문에 들키게 생겼구나.'

도둑은 급한 김에 코끼리 소리를 낸다는 게 참 말도 안 되는 소리를 냈어.
"코코, 끼리끼리, 코코, 끼리끼리,...."
그랬더니 방 안에서는 난리가 났지.

보라색으로 쓴 글씨는 받아쓰기에서 틀리기 쉬운 글씨이므로 주의하여 따라 쓰세요.

박박 바가지
박박 바가지

옛날, 어느 곳에
옛날, 어느 곳에

할아버지, 할머니가
할아버지, 할머니가

살았는데 하루는 밤
살앗는데 하루는 밤

중에 도둑이 들었어.

중에 도둑이 들었어.

도둑이 살금살금 집
도둑이 살금살금 집

안에 들어와서 이리
안에 들어와서 이리

저리 살피다가 마루
저리 살피다가 마루

위에 기어올라 왔어.
위에 기어올라 왔어.

그러니까 마룻장이
그러니까 마룻장이

낡아서 삐거덕삐거덕
낡아서 삐거덕삐거덕

소리가 나거든. 방
소리가 나거든. 방

안에서 잠을 자던
안에서 잠을 자던

할머니가 그 소리를
할머니가 그 소리를

듣고 잠을 깼어. 그
리고는 옆에서 자고
있는 할아버지를 깨
웠지.

"여보, 영감. 밖에

"여보, 영감. 밖에
서 무슨 소리가
나는 걸 보니 도
둑이 들었나 보우."
마루를 기어가던

도둑이 이 소리를
도둑이 이 소리를

들으니 그만 가슴이
들으니 그만 가슴이

철렁 내려앉지. 그래
철렁 내려앉지. 그래

서 들키지 않으려고
서 들키지 않으려고

그 자리에 납작 엎
그 자리에 납작 엎

드려 숨을 죽이고
드려 숨을 죽이고

가만히 있었어. 그런
가만히 있었어. 그런

데 방 안에서 할아
데 방 안에서 할아

버지가 잠을 깨서
버지가 잠을 깨서

하는 말이

하는 말이

"도둑은 무슨 도
"도둑은 무슨 도
둑, 마루 밑에서
둑, 마루 밑에서
쥐들이 설치는 모
쥐들이 설치는 모
양이지."
양이지."

하거든, 그래도 할머
니는
"아무래도 쥐 소
리는 아닌 것 같
았는데……."

하고 자꾸 미심쩍어
하고 자꾸 미심쩍어

한단 말이야.
한단 말이야.

도둑은 할아버지,
도둑은 할아버지,

할머니가 어서 마음
할머니가 어서 마음

을 놓으라고 "찍찍,

을 놓으라고 "찍찍,

찍찍" 하고 쥐 소

리를 냈어.

그러니까 할아버지

는

"그것 봐요. 저게

쥐 소리가 아니고

뭐야?"

하는데, 할머니는 또

미심쩍어서

"이상하다, 쥐 소
리 치고는 너무
큰걸."

하지.

"그러면 고양이

"그러면 고양이

소리인 게지."
소리인 게지."

그래도 할머니는
그래도 할머니는

"고양이 소리도
"고양아 소리도

아닌데. 그러지 말
아닌데. 그러지 말

고 어서 나가 보
우,"

하고 자꾸 채근을
해.

도둑이 들어 보니

이러다가는 꼼짝없이
들키겠거든. 그래서
얼른 "야옹, 야옹."
하고 고양이 소리를
냈어.

냈어.

"그러면 그렇지.

틀림없는 고양이

소리 아니오?"

할아버지는 잘도

속아 주는데 할머니
속아 주는데 할머니

는 이번에도 속지
는 이번에도 속지

않네.
않네.

"고양이 소리 치
"고양이 소리 치

고는 너무 굵어요."
고는 너무 굵어요."

"고양이보다 소리
"고양이보다 소리

가 굵으면 개 짖
가 굵으면 개 짖

는 소리겠지."
는 소리겠지."

도둑은 어서 빨리
도둑은 어서 빨리

할아버지, 할머니가

할아버지, 할머니가

마음 놓고 자라고
마음 놓고 자라고

이번에는 "멍멍, 멍
이번에는 "멍멍, 멍

멍." 하고 개 짖는
멍." 하고 개 짖는

소리를 냈어.
소리를 냈어.

"그것 보라지. 개 짖는 소리가 틀림없구먼."

"아무려면 내가 개 짖는 소리를

못 알아들을까."

"그러면 송아지

소리인 게지."

도둑은 얼른 "음

매, 음매." 하고 송

매, 음매." 하고 송

아지 소리를 냈어.

"저것 보라니까.

송아지 소리 아니

오?"

"아니에요. 송아지

소리하고도 달라요."

"그래요? 그러면

코끼리 소리인가?"

할아버지는 잠도

쏟아지고 귀찮아서
쏟아지고 귀찮아서

아무렇게나 둘러댄
아무렇게나 둘러댄

것인데 정작 도둑은
것인데 정작 도둑은

등에 식은땀이 줄줄
등에 식은땀이 줄줄

흘러, 이번에는 코끼

훌러, 이번에는 코끼리 소리를 내야 할
리 소리를 내야 할
판국인데 도대체 코
판국인데 도대체 코
끼리 소리를 한 번
끼리 소리를 한 번
이라도 들어 봤어야
이라도 들어 봤어야

말이지.

'에그, 내 팔자야.
그놈의 코끼리 때
문에 들키게 생겼
구나.'

도둑은 급한 김에
코끼리 소리를 낸다
는 게 참 말도 안
되는 소리를 냈어.
"코코, 끼리끼리

글씨 바로 쓰기 2-2

초판 발행 2014 년 7월 30 일
글 편집부
펴낸이 서영희 | **펴낸곳** 와이 앤 엠
편집 임명아
본문 인쇄 신화 인쇄 | **제책** 정화 제책
제작 이윤식 | **마케팅** 강성태
주소 120-100 서울시 서대문구 홍은동 376-28
전화 (02)308-3891 | **Fax** (02)308-3892
E-mail yam3891@naver.com
등록 2007년 8월 29일 제312-2007-000040호

ISBN 978-89-93557-54-1 63710

본사는 출판물 윤리강령을 준수합니다.